KIRSCHBLÜTEN

KIRSCHBLÜTEN

Gedichte

von Lea Hertwig

Bibliografische Information der Deutschen Nationalbibliothek:
Die Deutsche Nationalbibliothek verzeichnet diese Publikation in der
Deutschen Nationalbibliografie; detaillierte bibliografische Daten sind
im Internet über http://dnb.dnb.de abrufbar.

© 2020 Lea Hertwig

Herstellung und Verlag:
BoD – Books on Demand, Norderstedt

ISBN: 978-3-7526-4309-1

Weil ich mich viel zu oft frag',
                was [Liebe] wohl bedeuten mag

INHALTSVERZEICHNIS

11   HONIGWEIN

12   NOCH EINMAL

13   DER HIMMEL IN HELLBLAU

14   FÜR IMMER

16   MEERESTREIBEN

18   DER HIMMEL ODER ZUCKERWATTE

20   TRAGISCHE UNENDLICHKEITEN

21   HALBVOLLE NACHT

22   WARUM

23   SEPTEMBERNACHT

24   ICH BIN TRAURIG

25   BLUMEN

26   NIE WIEDER

27   KIRSCHBLÜTEN

28   KREIS

29   [LIEBE]

31   DUFT VON DIR

32   MAMA

34   GEWITTER

35 IN DEINEN ARMEN

36 WHISKEY

37 LETZTER STREIT

36 WINTER

37 KARUSSELL

39 LILA TULPEN

40 WAS IST LIEBE?

KIRSCHBLÜTEN

HONIGWEIN

Ich schrieb nicht über dich bisher,
denn das Wort zu finden fällt mir schwer.
Kann kaum beschreiben, wie lieb du mir bist
und grau' mich vor dem Tag an dem du es vergisst.

Wer glaubt mir, wenn ich sage, du scheinst wie eine Sonne?
Nur ein Lächeln von dir macht mich trunken vor Wonne.

An deiner Seite will ich immer sein;
lass unsere Liebe reifen, so wie den besten Wein.
Für immer ist ein fälschliches Wort;
so sag' ich nur, ich lass dich nie mehr fort.

Kann nicht verhindern, dass unsere Wege sich trennen,
doch wird mein Herz nie eine andere Liebe kennen.

All diese Worte scheinen so winzig und leis';
mich nimmt Wunder, warum ich kein einziges weiß.
Kein einziges Wort, dass laut genug ist,
welches dir sagen könnte, was du für mich bist.

NOCH EINMAL

Seitdem du weg bist,

kann ich besser schlafen.

Würd' gern zurück zu dem Tag, an dem wir uns trafen.

Hab dich doch oft genug vermisst.

Hätt' ich doch andere Wege genommen,

hättest du nie mein Herz bekommen.

Ich wünsch' mir nur, es noch einmal zu erleben.

Diesen zauberhaften Kuss,

weil ich es noch einmal spüren muss.

In diesem trostlosen, fast finsteren Leben.

DER HIMMEL IN HELLBLAU

Wie lange muss ich dich noch vermissen?
Schrei seit Tagen nur in mein Kissen.
Alle sagen, du kommst bestimmt zurück;
doch ich zweifle diesmal an unserem Glück.

Draußen ist Sommer, doch ohne dich ist alles grau.
Du warst die Farbe in meinem Leben, warst der Himmel
in hellblau.
Hab seit Tagen die Sonne nicht gesehen;
sag mir, warum musstest du von mir gehen?

Kann nicht aufhören in mein Kissen zu weinen.
Komm doch zurück, lass die Sonne wieder scheinen.
Leg deine Hand wieder in meine,
schlag aus meinem Herz die Steine.

Wie kann ich ohne dich weiterleben?
Wem soll ich all die Liebe geben?
Warum du gingst, will ich nur wissen,
dann kann ich aufhören dich zu vermissen.

FÜR IMMER

Hast du dich denn je gefragt,
warum ich dich verlassen hab?
Hab dir nie wirklich den Grund genannt,
weshalb ich damals einfach so verschwand.

Zu viele Nächte hab' ich an uns gedacht,
weiß ich hab' nichts richtig, nur alles falsch gemacht.
Kann es dir nicht übelnehmen,
wenn du sagst, du willst mich jetzt nie mehr sehen.

Hab mir zu spät erst den Kopf zerbrochen,
mich vorher gefühllos und kalt verkrochen.
Hab nie daran gedacht,
was das alles mit dir macht.

Du warst für mich alles und das war zu viel.
Wollte dich nicht verletzten mit meinem ziellosen Spiel.
Hab gemerkt, dass ich mich selbst verlor,
deswegen schloss mein Herz das Tor.

Hab so viel Liebe für dich getragen
Und Angst gehabt, dabei zu versagen.
So kam es dann, dass ich gehen musste,
weil ich nicht damit umzugehen wusste.

Auch wenn du dachtest, mir hat's nichts bedeutet
Und du hast mit mir nur Zeit vergeudet,
könnt ich's dir noch tausend Mal so sagen:
Ich werd' dich für immer in meinem Herzen tragen.

MEERESTREIBEN

Lichtermeer von Schatten
Wieder nur im Dunkeln tappen
Wieder so tun als macht es uns nichts aus
Will weit weg von hier, muss raus

Die Sterne über uns ganz zart
Bist langsam müde von der Fahrt
Seit Stunden gibt es nur uns zwei
Schallendes Echo, es ist vorbei

Umgeben von Dunkelheit und Bremslicht
Glauben an vieles nur an uns nicht
Die Lichter der Stadt
Sind gegen dich nur ganz matt

Wird schon langsam hell
Du fährst viel zu schnell
Wie hinter uns die Zeit verschwindet
Nichts mehr bleibt was uns verbindet

Sonnenaufgang wir gehen unter

Du todmüde ich putzmunter

Lass uns noch ein bisschen treiben

Wird so nicht für immer bleiben

DER HIMMEL ODER ZUCKERWATTE

Rot strahlt der Himmel, wie Zuckerwatte.

Denk dran wie es war, als ich dich noch hatte.

Du hast mir gutgetan, wie nie einer zuvor;

hinter den Wolken scheint die Sonne hervor.

Hab gehofft, du würdest bei mir bleiben

und wir nicht wie Wolken auseinandertreiben.

Haben uns oft verändert, wie der Himmel jetzt zu Glut;

kein Wunder, dass wir manchmal kochten, vor Wut.

Selbst nach dem heftigsten Streit würde ich hinter dir stehen;

kann die Sonne noch hinter der Feuerglut sehen.

Doch viel zu oft war ich der Mond, oder die tiefschwarze

Nacht;

das Feuer zwischen uns, verlor seine Pracht.

Könnt' dir noch tausend Chancen geben;
merk jedes Mal, ohne dich will ich nicht leben.

Gab nie was Schöneres, für mich, als dich.
Das war der Grund weshalb ich dich mit dem Himmel verglich.

TRAGISCHE UNENDLICHKEITEN

Wie konnt' ich solch schöne Worte an dich verschwenden?

Mich so wohlfühlen, in deinen Händen?

In deines Blickes Zauber der Unendlichkeit,

verschwand deine trügerische Unehrlichkeit.

Nun sitze ich wieder und schreibe von dir,

bin eigentlich nur enttäuscht von mir.

Wie konnt' ich bloß reinfallen, auf dein verlogenes Lachen?

Könnt mir noch ewig solch' Vorwürfe machen.

In deinen traumtiefen Augen hab' ich mich endlos verloren,

doch nun ist mein Herz vor Schmerz erfroren.

In deinen Armen war es so lieblich und warm;

doch nun fliegen meine Gedanken, wie ein verirrter

Bienenschwarm.

Noch immer muss ich an dich denken,

scheitere an jedem Versuch mich abzulenken.

Kann nicht schlafen, lesen, oder essen;

dabei will ich dich einfach nur vergessen.

HALBVOLLE NACHT

Du wolltest mit mir noch nach Hause laufen,

nachdem wir uns betranken, unter dem Sternenhaufen.

Ich sagte, das schaff ich schon allein;

eigentlich wollt' ich noch länger bei dir sein.

Wenn ich an dich denke, spät in der Nacht,

frag' ich mich, was hab' ich mir dabei gedacht?

Wäre es vielleicht anders gekommen?

Hättest du dann meine Hand genommen?

All das werd' ich wohl nie erfahren,

doch werd' die Erinnerung daran gut bewahren.

Du gingst nach Hause und ich auch,

weiß' du bist immer da, wenn ich dich brauch.

WARUM

Warum tut verliebt sein so weh?

Warum werd' ich so verrückt, wenn ich dich nicht seh'?

Warum lässt du mich so viel hoffen

und dann doch alle Fragen offen?

War mir lang nicht so sicher wie mit dir,

doch scheinbar zweifelst du an mir.

Hab' so viel gefühlt, bei unserem Kuss;

du aber sagtest, dass ich mir sicher sein muss.

Spürst du denn nichts, wenn du mich an dich drückst,

oder im Schlaf immer näher rückst?

Hast meine Hand gehalten, ohne sie loszulassen,

keine Sekunde verschwendet ohne mich anzufassen.

Jetzt denke ich umso mehr daran

Und hoffe, du siehst mich bald wieder an.

Welch tragisch bunter Abschiedskuss.

Ich bin mir sicher, dass das was bedeuten muss.

SEPTEMBERNACHT

Weiß' noch alles von jener Nacht,
lauer Septemberabend, den wir gemeinsam verbracht.
Hast mir ins Ohr geflüstert, manch' herrliche Lügen;
ich hab's geglaubt; dir war es ein Vergnügen.

Worte, die du sagtest, so schwerelos,
unberechenbar sanft, wie ein Windstoß.
Wie dein Atem, umhüllt vom Rauch der Zigarette,
sah ich nie dich, nur deine Silhouette.

Hast mich so herzlich süß belogen,
hab's geahnt, doch hab mich selbst betrogen.
Wünsch' mir so sehr, es wäre wahr gewesen,
doch lass die Erinnerung daran langsam verwesen.

ICH BIN TRAURIG

Ich bin traurig
Ich bin traurig und alles ist schwarz
Alles ist schwarz keine Farbe zu sehen
Keine Farbe zu sehen nur hier und da mal grau
Hier und da mal grau und da hinten auch blau
Da hinten auch blau schau lieber genau
Schau lieber genau da ist noch viel mehr
Da ist noch viel mehr hol doch das Fernglas mal her

BLUMEN

Lila Tulpen in der Nacht,

scheinen in unvergesslicher Pracht.

Recht schön sind sie auch anzusehen,

doch wird auch ihre Schönheit bald vergehen.

Hab' von dir gelernt zu lieben,

das ist vielleicht noch untertrieben.

Nur dank dir weiß ich, wie schön Liebe ist.

Bitte sag mir, dass du das nie vergisst.

Mit dir war alles so schwerelos leicht,

doch merkten wir schnell, dass Liebe nicht reicht.

Beengt vom drückenden Raumvolumen,

verwelken nun leider auch die Blumen.

NIE WIEDER

Sagst du kannst mich nie wieder lieben;
ist nicht ein Fünkchen in dir geblieben?
Ein kleines Flimmern, das sich noch lässt entfachen,
ich hab' es gesehen, in deinem Lachen.

Hab es gehört in dem was du sagtest
und all den Fragen, die du fragtest.
Hab dich verletzt zu viele Male;
das ist der Preis, den ich nun zahle.

Doch sag mir dann, wenn du bereit bist,
ob es zu spät, oder nun Zeit ist.
Und bitte gib mir keinen Kuss,
weil ich dann zu viel hoffen muss.

KIRSCHBLÜTEN

Wenn ich einmal traurig bin,
suche ich ratlos nach einem Sinn.
Aufstehen fällt mir an diesen Tagen schwer,
doch die Suche nach dem Sinn noch mehr.
Welch' Grund gibt es, diesen Tag zu erleben?
Kann mir doch niemals selbst vergeben.
Nie werd' ich wieder glücklich sein;
bleib lieber hier, im Bett, allein.
Doch weiß ich, in mir ist noch nicht alles tot
und hätte auch Lust auf ein Marmeladenbrot.
So geh' ich zum Fenster und schaue hinaus;
die Kirschblüten sehen hinreißend raus.
Wie konnte ich mich so traurig fühlen
und in den tiefsten Gedanken wühlen?
Hätt' ich die Kirschblüten nicht entdeckt,
wäre ich noch in Trauer gedeckt.
Und sind die Blüten nicht mehr da,
rückt die Erntezeit schon nah.
Im Winter hab' ich Marmelade für mein Brot,
o' große Trauer, nun bist du tot.

KREIS

Jedes Mal wenn ich fast vergessen hab,
dass es dich mal in meinem Leben gab,
rufst du mich wieder an,
natürlich geh ich ohne Zögern dran.

Du willst, dass wir uns wiedersehen.
Wie lange wird das Spiel noch so weitergehen?
Sind wir nicht langsam müde von dem Ganzen?
Erst zu viel Nähe, dann zu viele Distanzen.
Wir können nicht mit und nicht ohne uns leben,
haben uns zu viele Chancen gegeben.

Ohne nachzudenken stimm' ich sofort ein,
hab es so vermisst bei dir zu sein.
Hoffe das mit uns wird noch lange so gehen,
denn ohne dich kann sich meine Welt nicht weiterdrehen

[LIEBE]

Fällt mir nicht leicht das Wort [Liebe] zu benutzen,
denn es lässt sich viel zu schnell beschmutzen.
Oft war es gelogen, hab's dennoch gesagt,
und mich gewissenhaft ziemlich geplagt.

Hab nie das gefunden, wonach ich gesucht hab.
Auch wenn ich es wollte, war es nicht das, was ich dir gab.
Hab immer gedacht, was ich fühle ist Schein
Und da muss doch irgendwo noch mehr davon sein
Doch hab nie mehr gefunden,
bin viel lieber entschwunden.

Weil ich mich viel zu oft frag',
was [Liebe] wohl bedeuten mag,
komm ich der Lösung kein Stück näher,
jeder Gedankenzug wird zäher.

Doch als ich dich sah und dann kannte,
war das auch nichts, was ich [Liebe] nannte.
Dachte diesmal könnte es passen,
wollte das Grübeln endlich unterlassen.

Nur einen Satz wolltest du von mir hören,
ich konnte leider nichts Endgültiges schwören.
Denn begreiflich wird mir schwer,
ich frag' es mich auch schon seither:
Wie soll so ein kleines Wörtchen reichen
und solch' unbeschreiblichen Dingen gleichen?

DUFT VON DIR

Deinen Geruch werd' ich wohl niemals vergessen
dein T-Shirt noch weiter an mich pressen
bis dein Parfüm allmählich verfliegt
dann nur noch in meiner Erinnerung liegt
und immer wenn es ein anderer trägt
mein Herz vor Freude schneller schlägt
doch seh' ich dann du bist nicht hier
verfall ich in Enttäuschung schier
riech dich auch manchmal noch in meinen Haaren
könnt' ich doch nur den Duft darin bewahren
doch leider kann ich nur daran denken
und zwischen tausend Erinnerungen schwenken.

MAMA

Ich will dir oft so vieles sagen;
es tut mir leid, an meinen schlechten Tagen.
Will dich nicht anschreien oder verletzen,
denn ich weiß genau, dich kann keiner ersetzen.

Oft warst du traurig und voller Wut,
irgendwie mach' ich das alles wieder gut.
Dass der Spruch nicht zählt, das weiß ich nun,
doch es war nie meine Absicht dir wehzutun.

Ich wollte dich nicht enttäuschen,
mit Alkohol- und Drogenräuschen.
Hab nach unserem Streit viel nachgedacht,
denn ich kann nicht schlafen, ohne dein „Gute Nacht".

Du hast uns so viel Liebe gegeben,
hoffe wir können noch lang' mit dir leben.
Weiß auch, dass es mit uns nicht einfach ist
und das des Öfteren an deinen Nerven frisst.

Du hast immer alles für uns gemacht,
meist nur an uns, nicht an dich gedacht.
Ich vergess' es an den meisten Tagen,
will dir einfach mal Danke sagen.

GEWITTER

Krieg' vor Schmerz kaum Luft,

wie vergess' ich deinen Duft?

Kann nicht mehr atmen ohne Grauen,

wie konnte ich dir bedingungslos vertrauen?

Seh' kein Licht, nur Donner schwarz und mächtig.

Hab einst von dir geschwärmt, so prächtig.

Was kann mich noch vom Schmerz befreien,

in mir will Kummer nur gedeihen.

In mir alles furchtbar laut,

zu tief drin in meiner Haut.

Lass mich los, mach, dass es schwindet

und mich bloß nie mehr wiederfindet.

IN DEINEN ARMEN

Dich mit ihr zu sehen tut mir so weh,
in mir fällt eisigkalter Schnee.
Sonst war da ich, in deinem Arm.
Jetzt hältst du ihren Rücken warm.

Wär' gern manchmal wieder dort;
Kenn' leider auch keinen besseren Ort.
Könnt' ich noch einmal in deinen Armen liegen,
würd' ich sogleich gen Himmel fliegen.

War nirgends glücklich, außer bei dir,
und jetzt gehörst du nur noch ihr.
Kann dich für all das niemals hassen,
doch fang' schon an dich loszulassen.

WHISKEY

Muss wieder die Schmerzen in Whiskey ertränken,
will doch nur einmal an was Anderes denken.
Behelligt von blass-grauer Melancholie,
liegt am Boden des Glases heut' Amnesie.
Blick so tief hinein wie in meine Gedanken,
hoff' sie hören auf meinen Kopf zu umranken.
Spür' wie meine Adern langsam auftauen,
sich Wärme und Freude in mir aufbauen.
Das Leben ist doch gar nicht so schlimm,
auch wenn ich nur von einem Elend zum anderen schwimm',
Selbst in der größten Not
gibt es stets ein Rettungsboot.
Ist da mal keiner der die Wogen glättet,
greif' ich zum Whiskey, der mich wohl errettet.

LETZTER STREIT

Schlaflos lieg ich wach heut' Nacht;
hat zwischen uns wieder arg gekracht.
Rufst immer noch an, es tut dir leid,
ich heb nicht ab, bin müde vom Streit.

Will dir eigentlich verzeihen,
doch kann nichts sagen, nicht mal schreien.
Du hast mich eindrucksvoll verletzt –
ich hab' dich immer so geschätzt.

Gleichgültigkeit beflügelt mit Mut,
Sicherlich wird es nun nicht mehr gut.
Kann dir nicht sagen, was die Zeit noch bringt;
ob Liebe, Beharrsamkeit durchdringt

WINTER

Zwischen verlockend kleinen Lügen,
lass ich mich fallen und auch trügen.
Geblendet von ersten Sonnenstrahlen,
kann mein Herz vor Freud' nur prahlen.

Je mehr der Herbstwind draußen weht,
desto lauter wird auch mein Gebet.
Er deckt auf viel Lug und Trug,
wodurch manch Fensterglas zerschlug.

Wenn nimmermehr noch Hoffnung blüht,
dann wird es kalt um mein Gemüt.
Schließ alle Fenster und auch Türen,
kann nichts mehr hören oder spüren.

KARUSSELL

Fahren noch mal eine Runde
Erst nur kurz, dann doch eine Stunde
Brauchen mehr Worte als wir besitzen
Versteckte Wahrheiten in unseren Witzen

Bleibt eine Frage der Zeit
Bis zum nächsten Streit
Können die Tage schon zählen
Doch fang einfach an zu erzählen

Lang' nicht gesehen, vieles ist neu
Doch sind auch den alten Zeiten noch treu
Keiner kennt dich wie ich
Du weißt alles über mich

Brauchen Regeln die wir halten
Die dann doch nicht lange galten
Die wir brechen mit Vergnügen
Um uns später zu belügen

Doch brauchen Schutz und brauchen Halt

Bin lieber ehrlich, nicht mehr kalt

Versprich mir diesmal nicht zu gehen

Das Karussell noch weiterzudrehen

Sprichst Worte aus, die will ich nicht hören

Doch sag zu dir du sollst es schwören.

Jetzt heißt es warten warten warten

Und in die nächste Runde starten.

LILA TULPEN

Lieg schon vor neun in meinem Bett,

neben mir Blumen in knallig zartem violett.

Du immer wieder in meinen Gedanken,

werd' heut noch an Sehnsucht mies erkranken.

Hab dich vor zwei Stunden erst gesehen,

doch will ohne dich nicht schlafen gehen.

Weißt du eigentlich, wie glücklich du mich machst?

Wie viel Glück ich fühle, wenn du einfach nur lachst.

Hoff' immer die Zeit wird nie verfliegen,

will nur noch länger in deinen Armen liegen.

Von deinen Küssen krieg' ich nie genug,

fühl mich danach leer, so wie auf Entzug.

Schließ ich die Augen, seh' ich dich vor mir.

Schreib dir nochmal „Ach, wärst du jetzt nur hier."

Wenn wir uns morgen wiedersehen,

werd' ich nicht ohne dich nach Hause gehen.

WAS IST LIEBE?

Was geschieht mit der Liebe, wenn sie nicht benutzt wird?
Ob sie dann einfach so in der Luft herumschwirrt?
Wenn man sie freilässt aus den Herzen,
unter qualvoll üblen Schmerzen.

Ob sie sich irgendwo versteckt?
Und zurückkehrt, wenn man sie weckt?
Vielleicht bewahrt man sie irgendwo auf
und lässt den Dingen ihren Lauf.

Oder kann sie das Herz nicht verlassen?
Bleibt immer da, um sich anzupassen?
Ist sie immer greifbar, wenn man sie geben will?
Schreit sie immer weiter, oder wird sie irgendwann still?

Kann man Liebe überhaupt aufbrauchen?
Sie wie eine Zigarette aufrauchen?
Zerfällt sie zu Asche nach zu viel Zügen?
Sieht sie alles, oder kann man sie stets belügen?

Ist sie vielleicht gar nur Illusion?
Hat sie wie Musik einen bestimmten Ton?
Wenn ja, wie mag dieser Klang wohl klingen?
Lässt er sich nur spielen, oder auch singen?

Kann Liebe auch alleine leben?
Nur ziellos durch die Menge schweben?
Hat jeder Mensch nur eine Liebe,
oder wachsen an ihr neue Triebe?

Ist Liebe warm, oder mag sie es kalt?
Wird sie auch älter und vielleicht mal zu alt?
Hat sie je ein Ende, oder ist sie nur ein Beginn?
Wenn wir sterben, wo geht die Liebe hin?

Lightning Source UK Ltd.
Milton Keynes UK
UKHW010945201120
373762UK00003B/618